AF338988

LA GUERRE
AVEC LA CHINE

LA POLITIQUE COLONIALE

ET

LA QUESTION DU TONKIN

PAR

ARMAND RIVIÈRE

PARIS

AUGUSTE GHIO, ÉDITEUR

PALAIS-ROYAL, 1, 3, 5, 7 ET 11, GALERIE D'ORLÉANS

1883

LA GUERRE
AVEC LA CHINE

LA POLITIQUE COLONIALE

ET

LA QUESTION DU TONKIN

PAR

ARMAND RIVIÈRE

PARIS

AUGUSTE GHIO, ÉDITEUR

PALAIS-ROYAL, 1, 3, 5, 7 ET 11, GALERIE D'ORLÉANS

1883

LA GUERRE

AVEC LA CHINE

Arrivé depuis deux jours de l'Extrême-Orient, je puis affirmer que la Chine a actuellement dans le delta du fleuve Rouge 25,000 hommes, l'élite de ses troupes, pris parmi le corps d'armée du fameux Li-Hung-Chang.

On sait que ce corps d'armée, fort d'environ 30,000 hommes, est armé de fusils à tir rapide, possède plusieurs batteries de canons Krupp et est discipliné à l'européenne.

Nous avons donc devant nous, au Tonkin, 25,000 réguliers chinois et 1,500 Pavillons-Noirs réunis sous le commandement de Luu-Vinh-Phuoc, et enfin l'armée d'occupation annamite, dont j'admets qu'on puisse ne pas tenir compte.

Nous n'avons à opposer à ces troupes, en défalquant les non-valeurs et les malades, qu'un peu moins de 4,000 hommes. Quel que soit le courage des officiers qui commandent les jeunes soldats que nous pouvons mettre en ligne, il n'est pas douteux que nous courrions au-devant d'un désastre si nous ne nous hâtons de renforcer notre corps expéditionnaire.

Pour quiconque a pu voir par lui-même quelle est la proportion énorme des non-valeurs au bout de quelques jours de combat sous la zone torride, il n'est pas exagéré d'avancer qu'il nous faut au Tonkin un total de 20,000 hommes afin de pouvoir en mettre 15,000 en ligne.

Si donc on veut en finir rapidement avec une expédition énervante par sa trop longue durée, il importe que nos représentants contraignent le gouvernement à expédier immédiatement dans le delta du fleuve Rouge 16,000 hommes de troupes fraîches.

Où prendre ces troupes? L'infanterie de marine ne peut les fournir. Quant à la marine proprement dite, nous n'avons pas le droit de disposer d'une force qui ne nous laisserait plus d'équipages pour notre flotte.

Force nous est donc d'avoir recours à la guerre et, parmi ses troupes, celles dont le choix s'impose, ce sont les troupes qui constituent l'armée d'Afrique, y compris la légion étrangère.

Que nos représentants ne tardent pas une minute!

La bonne saison, celle où la mortalité par le climat sera nulle, commence en novembre pour finir en juin.

Il faut donc que les troupes puissent s'embarquer au plus tard à la fin du mois d'octobre.

CHAPITRE PREMIER.

La conquête du Tonkin vaut-elle les dépenses qu'elle entraîne en hommes et en argent? Y a-t-il nécessité indispensable pour la France d'avoir une politique coloniale?

Quand le budget d'un ménage se solde par dix mille francs de recettes et par vingt mille francs de dépenses, il est incontestable que ce ménage peut vivre encore sur le crédit tant qu'il en trouvera, mais il n'est pas besoin d'avoir la moindre notion d'économie politique pour comprendre qu'au bout d'un temps plus ou moins long, le chiffre de l'intérêt de sa dette devenant supérieur à celui de ses recettes, il ne trouvera plus à emprunter et verra se dresser devant lui le spectre de la banqueroute.

Eh bien! il en est du budget de la France comme de celui d'un particulier.

Chaque année, il sort du pays sous la rubrique « importations » une somme de quatre millards neuf cent soixante-douze millions.

Il n'y rentre sous la rubrique « exportations »

qu'une somme de trois milliards cinq cent quatre-vingt-seize millions.

Le résultat final ne saurait être douteux !

Par le tableau comparatif mis sous les yeux du lecteur, il peut se convaincre que, depuis quelques années, le déficit va croissant et que par suite, le pays s'appauvrit :

	Importations	Exportations
1875	3.536	3.872
1876	3.988	3.575
1877	3.669	3.436
1878	4.176	3.179
1879	4.595	3.231
1880	5.033	3.467
1881	4.862	3.561
1882	4.972	3.596

Il n'y a à cet état de choses qu'un remède :

Ouvrir à notre commerce et lui réserver, par des tarifs protecteurs, des débouchés assez considérables pour qu'il puisse y verser un chiffre d'exportations rétablissant l'équilibre rompu à notre détriment.

Déjà, la seule colonie sérieuse (au point de vue économique) que nous ayons, l'Algérie, nous demande chaque année pour 160,000,000 de nos produits.

Par cette demande de nos produits émanant de cette colonie relativement très peu peuplée, on peut juger du mouvement commercial qu'appellerait une colonie riche, fertile et peuplée comme en possède l'Angleterre.

C'est de cette nécessité d'arriver à faire équilibrer le chiffre de nos importations avec celui de nos exportations qu'est née « La Politique coloniale » laquelle, il faut le proclamer bien haut, doit être celle de tout bon patriote.

CHAPITRE II.

Le Tonkin est-il bien choisi comme débouché à ouvrir à notre commerce ? Est-il assez riche pour payer les produits de fabrique française ? La population y est-elle assez considérable pour nécessiter un chiffre d'affaires important ?

A toutes ces questions je n'hésite pas à répondre hautement, oui. Le Tonkin est un pays à climat variable, où le froid est très sensible pendant l'hiver, et où les habitants, loin de vivre demi-nus comme on le croit généralement, sont dans l'obligation de consommer pour les besoins de la vie des produits manufacturés de même nature que ceux qui nous sont nécessaires.

Au point de vue des productions tant minérales que végétales, les richesses du Tonkin et surtout du Yun-Nan, sa province limitrophe, sont trop connues et ont été trop souvent décrites pour qu'il y ait lieu d'insister.

Il me suffira de dire que le Yun-Nan recèle des mines non exploitées de tous les métaux connus.

Les mines d'étain de Mong-Tse, les seules qui soient exploitées par l'industrie privée et les seules aussi, par conséquent, sur lesquelles nous avons des chiffres certains, produisent, malgré les difficultés de toutes sortes et les droits exorbitants perçus par Luu-Vinh-Phuoc, pour 3.000.000 d'étain chaque année.

Romanet du Caillaud cite, parmi les principaux produits de cette contrée, l'or, l'argent, le mercure, le cuivre, l'étain, le zinc, le plomb, le fer, le bismuth, le sel, l'alun, l'arsenic, le charbon de terre, le kaolin, le marbre, les pierres précieuses et l'ambre.

Parmi les produits du règne végétal, le riz, le sucre, le thé, le tabac, l'opium, la cannelle, le coton, l'indigo, les teintures, le vernis à laquer, l'écorce de badiane, la muscade, le cardamome, la cire végétale, etc.

Parmi les produits du règne animal, le musc, les plumes, les nids d'hirondelles, les écailles, les circs et surtout la soie. Quant à la densité de la population c'est là ce qui m'a frappé le plus à mon arrivée. Dans certains points du delta du Song-Thao elle atteint jusqu'à 170 habitants par kilomètre carré. En France le chiffre moyen est de 68 habitants par kilomètre carré.

Les appréciations sur le chiffre total de la population varient beaucoup ; je ne crois pas être éloigné de la vérité en l'estimant à 12.000.000 d'habitants. En 1873, Hanoï, la capitale, comptait environ 200.000

habitants. La guerre a dû réduire considérablement le nombre de ses habitants.

Une autre considération qui a bien sa valeur pour les pères de famille milite en faveur de l'occupation du Tonkin. Quand nous aurons pacifié ce pays et établi des voies de communications rapides et un télégraphe ou un câble entre Hanoï et Saïgon, nous pourrons ne laisser dans la basse Cochinchine qu'un nombre insignifiant de troupes françaises et avoir le gros de notre corps d'occupation au Tonkin, contrée où la salubrité est très satisfaisante. Or, il faut que personne ne l'ignore, la basse Cochinchine est un des pays les plus malsains du monde.

Si en effet le chiffre de la mortalité, dans la colonie, pour des hommes qui n'y restent au plus, et cela bien rarement que deux ans, est, j'en conviens, fort peu élevé, il n'en est pas moins vrai que ces hommes reviennent en France dans un tel état de santé que la mortalité, par le fait du pays et dans les cinq années qui suivent le retour en France (1), atteint le chiffre énorme de 67 0/0, ce qui revient à dire que, sur cent soldats qui ont passé deux années en basse Cochinchine, 33 seulement sont encore vivants cinq ans après leur rentrée.

La mortalité coïncide avec les deux premiers hivers qui suivent le retour en France. L'Européen sérieuse-

---

(1) Cinq années constituent la limite de résistance maxima pour tous ceux qui ont été touchés.

ment touché est devenu inapte à supporter un climat même aussi peu rigoureux que celui du nord et du centre de la France.

Quant à la faiblesse du chiffre, exprimant la léthalité en Cochinchine même, voici comment on est parvenu à l'obtenir.

C'est par un artifice qui consiste à renvoyer immédiatement, soit par les transports, soit même par les paquebots bi-mensuels, tout malade inspirant des inquiétudes, qu'on est arrivé, en 1870, à établir le chiffre de 4 1/2 pour cent indicatif de la mortalité en Cochinchine. On négligea d'ajouter que cette année-là, sur un effectif d'environ six mille hommes, mille trois cent cinquante-quatre furent renvoyés en France comme malades (1).

Si quelque lecteur voulait contrôler lui-même les chiffres que je donne, il lui suffirait de se procurer les noms et domiciles des hommes formant l'effectif d'une compagnie d'infanterie de marine partie pour Saïgon à une époque quelconque et de les suivre à leur retour en France, pendant la période indiquée.

Le contrôle est beaucoup plus facile si l'on opère sur les officiers et particulièrement sur les officiers d'infanterie de marine qui, démissionnant très rare-

---

(1) Ces deux derniers chiffres seulement sont empruntés au travail de M. le docteur Caudé.

ment, se retrouvent plus aisément, mais alors les chiffres diffèrent quelque peu.

Dans certains cas particuliers, même en dehors de toute épidémie, le calcul donnerait un chiffre de léthalité bien supérieur encore à celui que j'ai indiqué.

Ainsi une compagnie d'infanterie de marine ayant occupé le poste d'Hatien a fourni, par le seul fait de la mortalité, un chiffre de décès de 98 0/0.

Je dois à la vérité d'ajouter que le ministre de la marine fit preuve de la plus grande humanité en décrétant immédiatement la suppression du poste d'Hatien. Point stratégique important, ce poste fut rétabli quelques années après, puis encore supprimé. Je ne sais si on l'a rétabli à nouveau dans de meilleures conditions hygiéniques, ainsi qu'il en était question.

Comme on le voit par les chiffres qui précèdent, l'annexion du Tonkin permettra d'épargner un grand nombre d'existences françaises. Au moment où la population de la France augmente si faiblement, cette considération a bien son importance.

CHAPITRE III.

**La perspective d'une guerre avec la Chine est-elle de
nature à provoquer des appréhensions justifiées : 1° au
point de vue militaire ; 2° au point de vue diplomatique?**

Au point de vue de la résistance que la Chine
pourrait opposer à nos armées, il ne faut pas se
montrer trop optimiste et faire absolument fi de la
puissance militaire du peuple chinois. Il convient
également de ne pas l'exagérer. La vérité qui se place
entre ces deux extrêmes est que la Chine peut disposer, ainsi que je l'ai dit plus haut, de 30,000 hommes
d'excellentes troupes, qui à elles seules nécessite-
raient une armée française de 20,000 hommes.

En dehors de ces troupes formées et commandées
par le vice-roi du Pe-Tchih-Li, Li-Hung-Chang, il
n'y a plus rien qu'une cohue indisciplinée, sans pa-
triotisme, formée d'éléments hétérogènes et armée
de la façon la plus bizarre.

La concentration de cette armée, où l'armement
varie depuis l'arc jusqu'au fusil à mèche, est absolument impraticable. Le serait-elle, que cette masse
d'hommes indisciplinée, sans cohésion et sans instruc-
tion militaire, serait incapable de tenir cinq minutes

devant une armée européenne de trente mille hommes.

Quant à la marine de guerre chinoise, formée de 60 navires de types variés, il n'y a pas lieu d'en tenir compte.

En nous plaçant à un autre point de vue, j'estime qu'une guerre avec la Chine ne saurait être qu'une bonne fortune pour l'Europe, et une excellente affaire pour la France.

En faisant constater à la Chine son infériorité, elle rendra ce peuple moins insolent envers les Européens, et, en rabaissant l'orgueil de la nation chinoise, elle rendra les rapports avec les *barbares* moins tendus qu'ils ne le sont aujourd'hui ; l'Europe entière en retirera profit.

Tous les Européens qui habitent ou ont habité l'Extrême-Orient ont la même manière de voir à cet égard.

Il suffit de lire les journaux publiés en Chine par des Européens, pour constater que, même les Anglais, établis dans les ports ouverts seraient enchantés de voir une nation européenne, fût-ce la France, infliger une sévère leçon aux Célestials. J'ai avancé plus haut qu'une guerre avec la Chine serait particulièrement pour la France une excellente affaire.

En effet, si nos ministres ont le sentiment de la situation, ils n'hésiteront pas une minute à profiter de l'occasion unique que la Chine nous offre de nous tailler, par la prise de possession du Yun-Nan, du Kouang-Si et du delta du Si-Kiang, un empire colonial pouvant rivaliser avec celui de l'Angleterre dans l'Inde, sinon comme étendue, tout au moins comme richesse.

Nous serions bien naïfs de laisser échapper pareille occasion... Je prévois les objections que l'on va me faire... Mais l'Angleterre, de quel œil nous verra-t-elle nous emparer des provinces les plus riches de la Chine ?

Si l'Angleterre élève la moindre protestation de nature diplomatique, nous lui répondrons, sans nous troubler, que nous n'occupons le Yun-Nan et le Kouang-Si qu'à titre temporaire et que, comme elle en Egypte, nous nous retirerons après avoir rétabli l'ordre, organisé des voies de communication et obtenu des garanties pour la liberté du commerce avec l'intérieur de la Chine.

Je n'énumérerai pas ici les produits du Kouang-Si et du Yu-Nan, il faudrait un volume pour les décrire; ainsi que je l'ai dit plus haut, il se trouve dans ces provinces des mines inexploitées d'une richesse incomparable, et la production agricole peut rivaliser avec la richesse minérale, surtout dans le Kouang-Toung qu'on peut comparer comme fertilité au delta du Nil.

CHAPITRE IV.

La création d'un empire colonial dans l'Extrême-Orient a pour corollaire indispensable l'abandon de nos petites colonies.

Les divers gouvernements que la France s'est donnée ont eu le talent d'éparpiller les forces de notre pays dans une foule de petites colonies aussi coûteuses et improductives que malsaines.

C'est avec stupeur qu'on s'aperçoit, en en faisant le compte, que la France a des forces militaires disséminées sur trente-trois îles ou continents répartis dans les cinq parties du monde !

Ainsi, la France qui, à l'heure qu'il est, aurait besoin de toutes ses forces envoie ses soldats tenir garnison dans des pays tellement malsains « qu'aucune race humaine ne peut y vivre ». Qu'on ne vienne pas me dire que je noircis à plaisir le tableau, je vais citer un exemple. La Guyane, pour une étendue de territoire équivalant aux deux tiers de la France, ne compte en dehors des transportés et des fonctionnaires, et après plus de deux siècles d'occupation, qu'une population civile de dix-sept mille habitants ! Il serait inutile, après de tels chiffres, de poursuivre, mais afin de ne pas laisser à ceux qui professionnellement se croiraient forcés de répondre, même la tentation de le faire, je citerai quelques chiffres officiels.

Dans ce pays si intelligemment choisi, la durée de la vie probable calculée pour les transportés pendant la période 1852-1878 est de 7 ans six mois et sept jours.

La mortalité à la Montagne-d'Argent et à la Comté, pénitenciers abandonnés depuis quelques années, était en 1856 de 62 0/0, c'est-à-dire que la durée de la vie humaine n'y était que de huit mois et quinze jours. (1)

En dehors de nos possessions de l'Océan Pacifique qui sont salubres, et de quelques colonies qu'il faut conserver comme points stratégiques ou comme points de ravitaillement (les Antilles, la Réunion, etc.), il faut, au plus vite, retirer nos troupes de toutes nos autres possessions coloniales où elles sont décimées sans but ni sans raison.

Car on ne le sait pas assez en effet en France, et il importe de le crier par-dessus les toits.

A part le Tonkin dont les douanes étaient déjà une source de profits « Aucune de nos minuscules colonies ne rapporte un centime à la métropole ».

C'est à peine si, dans les plus prospères, le budget local arrive à équilibrer ses dépenses avec ses recettes. Toutes les dépenses des colonies viennent,

____

(1) Docteur Orgeas, *La Colonisation de la Guyane*. Voir aussi Docteur Chevalier, *La Guyane française*.

sous la rubrique de dépenses de souveraineté, grever chaque année le budget de la France, pendant que le climat lui enlève les meilleurs de ses enfants.

Un statisticien a calculé ce que les petites colonies improductives ont déjà coûté à la France depuis leur prise de possession (ce qui remonte fort loin pour quelques-unes d'entre elles) ; il est arrivé à une somme de près de deux milliards. Je ne sais si ce chiffre est exact et je ne veux pas m'en porter garant, mais ce que j'affirme sous ma propre responsabilité, c'est que rien que sur le chapitre « Service colonial » la France dépense chaque année, sans préjudice des sommes énormes prises sur le « Service marine », une somme de 24,000,000 pour ses colonies.

A ces 24,000,000 il convient d'ajouter, ainsi que je viens de le dire, les dépenses causées par les garnisons et les stationnaires des colonies, les frais de transport des fonctionnaires, les bâtiments-hôpitaux et bâtiments-transports construits exclusivement pour ces services.

On le voit, avec l'argent et les hommes follement gaspillés depuis deux siècles pour l'entretien et la défense de ces bouts de territoire insalubres ou à peine peuplés, nous aurions pu former un vaste empire comme l'Inde anglaise, qui chaque année viendrait demander à la métropole pour un milliard des produits de son industrie, à l'exemple de l'Algérie qui, à peine peuplée, cependant vient nous en demander annuellement pour 160,000,000.

Ces lignes étaient écrites à bord lorsqu'à mon arrivée on m'a remis le projet de traité vrai ou faux avec la Chine dont le *Figaro* a donné les points saillants, puis enfin l'énoncé des dernières prétentions de la Chine, qui, enhardie par nos discussions intérieures sur la question coloniale et surtout par la constatation du petit nombre d'hommes que nous avons dans le delta du fleuve Rouge, ne demande rien moins que l'évacuation du Tonkin en exigeant l'abandon de la rive gauche du fleuve Rouge.

Je ne m'arrêterai pas à ce second projet qui serait plus honteux pour nous que la paix qui nous fut imposée en 1871 par l'Allemagne victorieuse.

Quant au premier, c'est une de ces vastes mystifications telles que la duplicité orientale est seule capable de les concevoir. D'après ce projet de traité la navigation du fleuve Rouge n'aurait été possible pour les Européens que jusqu'à Laó-Kaï. Entre cela et l'abandon du Tonkin il y a moins de différence qu'on pourrait le supposer.

La région productive de ces contrées principalement au point de vue minéral ne commence en effet qu'à Mang-Kao, c'est-à-dire à 80 kilomètres au-dessus de Lao-Kaï.

La Chine, en nous arrêtant à Lao-Kaï, nous interdirait donc l'accès de la région minière.

Quant à faire, malgré les Chinois, un vaste entrepôt commercial de Lao-Kaï, il faut non seulement ne pas connaître le pays, mais encore n'avoir aucune idée de la fourberie sinique pour se faire la moindre illusion à cet égard.

Luu-Vinh-Phuoc établirait sa douane à quelques lieues au-dessus de Lao-Kaï et empêcherait encore, mieux qu'il ne le faisait naguère, toute transaction.

Si le droit de 33 0/0 qu'il percevait ne lui paraissait pas assez fort pour arrêter tout commerce par le fleuve Rouge, il demanderait 80 ou 90 0/0 et comme la perception serait opérée en territoire chinois, je ne vois pas quelle objection on pourrait élever.

Si le traité à intervenir ne stipulait pas la liberté absolue de la navigation dans le fleuve Rouge, c'est-à-dire la supression de toute douane, on ne pourrait considérer ce traité que comme une plaisanterie du plus mauvais goût. Je dois avouer, d'ailleurs, qu'à mon avis cette solution même qui nous accorderait la liberté complète de navigation sur tout le parcours du fleuve Rouge est absolument insuffisante. Il ne faut pas faire les choses à demi. Si nous voulons nous ouvrir des débouchés sérieux, suivons l'exemple de l'Angleterre, et, comme elle, taillons-nous un vaste empire colonial.

Avant quelques jours, la Chine enorgueillie par les petits avantages remportés par ses troupes sur la poignée d'hommes que nous avons au Tonkin, et affolée par la haine du barbare, la Chine, dis-je, nous aura virtuellement et peut-être même diplomatiquement déclaré la guerre.

Sachons nous élever à la hauteur des circonstances, et profiter d'un conflit que nous n'avons pas cherché pour nous annexer le Yun-Nan, le Kouang-Si et le Kouang-Toung qui sont les pays les plus productifs du monde entier.

Nous n'aurons alors plus rien à envier à l'Angleterre, et nous verrons notre commerce et notre industrie se relever rapidement du marasme dans lequel elles sont prêtes à succomber. L'annexion du Yun-Nan nous permettrait de plus de réaliser le projet auquel on a attaché mon nom, projet dont je poursuis l'étude depuis plusieurs années en dépit de tous les obstacles.

Ce projet peut se résumer ainsi :

Établir des communications entre le Tonkin et

la Chine par l'intermédiaire du plus grand fleuve de l'Asie, le Yang-Tsè, la vraie artère commerciale de l'empire chinois.

Pour cela, relier le cours du Yang-Tsè à celui du Song-Thao par un canal à pente douce de 20 lieues de longueur seulement, traversant le lac de Tali. Ce canal, véritable prise d'eau dans le lac, aura pour effet, en y adjoignant quelques canaux de minime importance destinés à contourner des rapides, de rendre le Song-Thao navigable dans toute son étendue, et de créer par l'adjonction d'une route commerciale aboutissant à Hsiou-Choufu, point où le Yang-Tsè devient navigable, une véritable voie de pénétration dans la Chine.

Je suis loin de me dissimuler les difficultés de toute nature du projet que je préconise, mais je suis soutenu par la grandeur du but à atteindre qui peut se résumer ainsi :

Ouvrir comme débouché au commerce français, la vallée du Yang-Tsè et ses deux cent cinquante millions d'habitants.

N'oublions pas que l'Angleterre frappée par les avantages de cette conception et séduite par la perspective de ce marché sans rival à offrir à ses produits, n'en est plus à la période des hésitations.

Arrivé d'hier, j'ai déjà été pressenti par le chef d'une des plus importantes maisons de commerce de l'Inde anglaise, dans le but de savoir si j'accepterais de faire partie d'une mission commerciale destinée à fixer définitivement les points où pourraient être établis des entrepôts sur la route de pénétration en Chine par la Birmanie, dont le projet n'est plus chez nos voisins à l'état de conception théorique, mais a déjà reçu un commencement d'exécution, non seulement par une convention avec la Chine, ce qui, étant donnée la duplicité asiatique, ne signifie absolument rien, mais encore, ce qui est plus grave, par l'établissement d'un premier tronçon de chemin de fer entre Rangoon et Promé.

Comme en Nouvelle-Zélande et dans bien d'autres endroits, prenons garde d'arriver, encore cette fois, quatre jours trop tard.

Un marché où le mouvement commercial se chiffre annuellement par plus de deux milliards et le nombre des consommateurs par quatre cent vingt millions, vaut bien la peine qu'on s'en occupe.

D'ailleurs, une vaste expansion coloniale peut seule empêcher la ruine de notre commerce et rétablir l'équilibre de nos finances.

Il y va de notre prospérité nationale !

Pouvons-nous hésiter un seul instant ?

Armand RIVIÈRE.

Paris-Imp. PAUL DUPONT, 4 rue Jean-Jacques-Rousseau. 2181.9.83